CATALOGUE

DES

GENTILSHOMMES

DE TOURAINE ET BERRY

QUI ONT PRIS PART OU ENVOYÉ LEUR PROCURATION AUX ASSEMBLÉES DE LA NOBLESSE
POUR L'ÉLECTION DES DÉPUTÉS AUX ÉTATS GÉNÉRAUX DE 1789

Publié d'après les procès-verbaux officiels

PAR MM.

LOUIS DE LA ROQUE ET ÉDOUARD DE BARTHÉLEMY

PARIS

E. DENTU, LIBRAIRE | AUG. AUBRY, LIBRAIRE
AU PALAIS-ROYAL | 16, RUE DAUPHINE

1864

Tous droits réservés.

AVERTISSEMENT.

La Touraine était un ancien comté réuni à la Couronne depuis Philippe-Auguste, en 1203. Le roi Jean l'érigea en duché-pairie en 1360, pour Philippe, son fils, depuis duc de Bourgogne (1). Pendant deux siècles la Touraine servit d'apanage aux Enfants de France; elle fut réunie au domaine royal en 1584, après la mort du duc d'Alençon, frère de Henri III. Tours, sa capitale, était le siége d'une Généralité importante, qui comprenait les provinces de Touraine, Maine et Anjou. La Touraine proprement dite correspond au département d'Indre-et-Loire.

Cette Généralité était divisée en seize élections : Tours, Amboise, Loches et Chinon, en Touraine ; Angers, Montreuil-Belley, Saumur, Château-Gontier, La Flèche et Beaugé, en Anjou ; le Mans, Mayenne, Laval et Château-du-Loir, dans le Maine ; Loudun et Richelieu, en Poitou (2).

La province de Berry, située au centre de la France, avait pour capitale Bourges, siége d'une Généralité qui comprenait les deux départements du Cher et de l'Indre, et quelques por-

---

(1) La Touraine portait : « De gueule au château d'argent à quatre tours de même. ajourées et maçonnées de sable. »

(2) V. *Les Assemblées provinciales sous Louis XVI*, par M. Léonce de Lavergne. p. 176. Un vol. in-8º. Paris. 1863.

tions de ceux de Loir-et-Cher et de la Creuse. Réuni à la Couronne depuis 1100 par Philippe Ier, le Berry servit d'apanage aux princes de la maison royale jusqu'en 1601. A partir de cette époque, le titre de duc de Berry ne fut plus que nominal (1).

Cette province avait été érigée en duché-pairie en 1360. Elle avait eu ses États particuliers au moyen âge, mais on n'en trouve plus de traces depuis le quinzième siècle. Louis XVI l'avait choisie pour y faire son premier essai des assemblées provinciales sous le ministère de Necker, en 1778.

L'assemblée provinciale de Berry fonctionna régulièrement et à la complète satisfaction des trois Ordres jusqu'en 1789.

Paris, 1er février 1864.

(1) Les ducs de Berry portaient : « De France à la bordure denchée de gueule. »

CATALOGUE

DES

GENTILSHOMMES DE TOURAINE.

BAILLIAGE DE TOURS.

Procès-verbal de l'Assemblée générale des Trois Ordres du bailliage de Touraine (1).

16 mars 1789.

(*Archiv. imp.*, B. III., 150. p. 239, 244, 401-418.)

NOBLESSE.

Thomas Valleteau de Chabresy, écuyer, Sgr de Chançay, Valmer-la-Cote, Vaux et autres lieux, conseiller du Roi, lieutenant général au bailliage principal de Tours.
Louis-Joseph-Charles-Amable d'Albert, duc de Luynes, pair, président, et pour
— Mgr le comte d'Artois, duc de Châteauroux.
François-Michel-Antoine de Rancher, marquis de la Ferrière.
Jean-Louis-François du Mouchet, chevalier, Sgr de la Mouchetière.

---

(1) Nous croyons devoir faire observer qu'un certain nombre de familles nobles ont pu ne pas figurer dans les assemblées de Touraine, pour cause d'absence, de maladie ou d'abstention.
Le procès-verbal des Archives de l'Empire ne contient que les six premiers noms de la liste de la Noblesse. Nous l'avons complété par ceux du procès-verbal, imprimé à Tours en 1789, chez Auguste Vauquier, imprimeur du Roi; et par les signatures portées au bas du *Cahier des doléances*.

Pierre Gaullier, écuyer, Sgr de Taix.
Adam-François-Bonaventure de Malherbe de Poillé.
André de Berthelot de Villeneuve, Sgr de Vauricher.
Jean de Chasteau-Chaslon, chevalier, et pour
— Louis-Jean de Chasteau-Chaslon, écuyer, Sgr de Beuvie.
Pierre Taschereau des Pictières, chevalier, Sgr châtelain de la Carte de Balan, Narbonne, et pour
— Louis-Georges-Oudard Feudrix, chevalier, Sgr de Brequigny, Miré.
Claude Sain de Bois-le-Comte, chevalier, Sgr châtelain d'Esvres, et pour
— Pierre-Armand Vallet de Villeneuve, écuyer, Sgr de Breuil, Monts, Ortières, etc.
Louis-Gaétan de Thiène, Sgr du Chatelier, Razay, Launay, Lazay, Beauregard, Beauchesne, Lalleu, Fosse-Maure, Saint-Georges du Cher, chevalier, etc.
Guillaume-Valentin Belot, chevalier, Sgr de Lalleu.
François-Sébastien-Marc-Antoine Le Royer de la Sauvagère d'Artezay, chevalier, et pour
— Jean-Jacques de Sanglier, chevalier, Sgr de la Noblaye.
Eusèbe-Félix Chaspon de Verneuil, chevalier, marquis de Verneuil, comte de Loches, et pour
— Pierre Gilbert de Voisins, baron de Pressigny, Sgr châtelain d'Estableau;
— Jean-Louis-Marie Le Bascle, comte d'Argenteuil, etc., à cause de dame Marie-Joséphine-Caroline Barjot de Roncée, son épouse.
Jacques-Joseph Fay de Peyraud, chevalier, Sgr d'Avanton, la Chèse, Candé, etc., et pour
— Marie-Anne Durocher de Langadie, veuve de Jean Cotin, écuyer, dame de la Bellangerie, la Roche-Mainbœuf, etc.;
— Jacques Rolland, comte des Escotais-le-Bigot de Gatines, Sgr du comté des Escotais, Armilly, etc.
Hector du Plessis.
Louis-Joseph de Laval, baron d'Hasclach.
Edmond de Menou, chevalier, Sgr d'Umée et Pelle-Voisin, et pour
— Antoine-Jean Amelot de Chaillou, chevalier, marquis de Chaillou, baron et Sgr de Châtillon-sur-Indre.
Charles-Marie de Préaux, comte de Préaux, Sgr d'Ecueillé, et pour
— Louis de la Motte, chevalier, Sgr du Cormier.
Alexandre-Gaétan de Thienne, chevalier, Sgr de Marolles.
Henry Quirit, chevalier, baron de Coulaine, Sgr de la Herpinière, et pour
— Auguste Quirit, chevalier, Sgr de Coulaine;
— Charles-Joseph-Henri Quirit de la Motte, chevalier, Sgr d'Usage, Channay, etc.
Claude-Charles Coliette de l'Escanville, écuyer, Sgr de la Roche Ploquin.
François-Charles Baret, chevalier, Sgr de Rouvray.
Etienne de Seguin, chevalier, Sgr de Cabassoles, et pour
— Anne-Etienne-Michel, comte Turgot, Sgr marquis de Sousmont, Sgr de Bretignoles, Anché, Chancelé, le Bois-de-Vosne, etc.;

— Félix-Marie-Pierre Chesnon de Champmorin, Sgr de Varenne, la Châtonnière, Lionnière, etc.
René-François Benoît, Sgr de la Hussaudierre, Haut-Brizay, et pour
— Elisabeth-Jeanne Lenoir de Sérigny, veuve de Joseph-Auguste de Montmorency-Laval, marquise de Montmorency, dame de Boislégat.
Jean-Claude-Henry de Préville, chevalier, Sgr de Touchenoire, et pour
— Charles-Joseph de Préville, chevalier, Sgr de la Challoire, les Adams, etc.;
— Marie-Catherine Le Boucher de Verdun, veuve de Charles-Marie-Marthe, marquis de Bridieu, chevalier, Sgr de Saint-Germain, Rouvray, la Brosse, les Gardes Saint-Germain, Montreuil, Chauffour, Fourchette, ayant la garde noble de leurs enfants.
Gabriel de Pierres des Epaux, chevalier, Sgr de la Cour aux Bruyères, et pour
— Jean-Antoine de Charry, marquis des Gouttes, baron du Riau, chevalier, Sgr de Charnisay, Chatel Perron, etc.;
— Daniel-Abel-Marie de Pierres, chevalier, Sgr de Narsay, la Cave, etc.
Charles-Jean-Baptiste, baron de Wissel, chevalier, Sgr de Paray et Villebernin.
Jean Guillemot de l'Epinasse, Sgr de l'Epinasse en Poitou, de la Coussaye, Beauregard, les Halles, le Coudray, les Genets, la Sabardière, Loché, héritier bénéficiaire de son frère François Guillemot de l'Epinasse.
H... Scourion de Beaufort, chevalier, Sgr de Cangey, et pour
— Jacques-Marguerite Pillotte de la Barollière, chevalier, Sgr de Malvaux.
Louis-Joseph de Marolles, et pour
— Catherine-Charlotte de l'Escoue, veuve de Louis-Joseph, chevalier, comte de Marolles.
François-Gabriel Mareschau de Corbeil, chevalier, Sgr de la Chauvinière, etc., et pour
— Marc-Antoine Le Pellerin, vicomte de Gauville, Sgr du Rouvre, la Roche Périgault, la Thivinière, etc.
Claude-Henry Odard, chevalier, Sgr de Prézault, et pour
— Pierre-Mathieu Odard, chevalier, Sgr châtelain de Rilly.
Fortuné Guillon, chevalier, marquis de Rochecot, baron de Boisé, Colombier, et pour
— Louis-Paul de Brancas, duc de Brancas Céreste, prince de Nizari, Sgr de Robion, etc., grand d'Espagne;
— Jeanne Le Breton, veuve de Charles-François de la Fontanie, marquis de Follin.
Nicolas Bunauld, chevalier de Rigny, Sgr de la Grand'-Maison, etc., et pour
— Regnault-César-Louis de Choiseul, duc de Praslin, pair, marquis de Montgauger, comte de Crissay;
— Alexandre, comte de la Motte Baracé, chevalier, Sgr de Cinais, Seuilly, le Coudray, Monpensier, etc.
Jacques-Marie-François, comte de la Béraudière, chevalier, Sgr de Beauvais, etc., syndic de la Noblesse de la Généralité de Touraine, et pour

— Mgr le duc de Penthièvre et d'Amboise;
— François, comte de la Salle, Sgr de Manson.
Jean Butet, écuyer, Sgr de Saché.
Jean-Pierre de Beauregard, Sgr de Mépieds.
Charles de la Saullays, écuyer.
Louis-René Veau, chevalier, marquis de Rivière, baron du Pont-Amboisé, Sgr haut justicier de la Barre et Aufray, et pour
— René-Jean-Guillaume de Vallois, écuyer, Sgr de Roziers, etc.
Antoine-François de Lonlay, chevalier, Sgr de Monnaye, la Beleruries, etc., et pour
— Jacques-Marie-Etienne du Bois des Courts, chevalier, Sgr de Saint-Cosme, Bresche, etc.;
— Gilette-Françoise-Marie-Céleste de Carné de Trécesson, veuve de Charles-Augustin-François, comte du Plessis de Grénédan, dame du Mortier, Bois-le-Roy, la Fresnaye, les Fosses-Rouges, etc.
H... du Coudreau, écuyer.
Alexis-Auguste Duvau, chevalier, Sgr du Breuil, etc.
Claude-Pierre Lefebvre de la Falluere, chevalier, Sgr de la Falluere, Jallanges, etc.
Henry Mocet de Chillois, chevalier, Sgr de Chavagne.
Etienne-Jacques-Christophe Benoît de la Grandière, maire de Tours, et pour
— Charles-Henry, comte d'Estaing, marquis de Château-Regnault;
— Louis-Charles, comte de Sampigny, Sgr de Saint-Julien de Chedon, de Villiers, Cerelles, etc.
Charles, comte de Charitte, Sgr de Louère, etc., et pour
— Anne-Marie de Berland, comtesse de Charitte, son épouse, dame de la Louère et Maulet;
— Anne-Périne de Gréaulme, veuve d'Aimond-Philippe du Gazeau de la Boire, comte de la Boire, etc., dame de la Motte-Marcilly.
François-Henry de Mallevaud de Marigny, chevalier, Sgr de la Marche, et pour
— Marguerite-Charlotte du Perron, veuve de François-Antoine de Mallevaud, chevalier, Sgr de Marigny, Taix l'Aulnay, etc., dame desdites.
René-François-Constance Dangé d'Orsay, maréchal de camp, Sgr de Grillemont, Manthelan, Civray, Vou, etc.
Alexandre-César de Salmon, Sgr de la Brosse.
Jean-Baptiste d'Amplemann, chevalier, Sgr de la Cressonnière, etc., et pour
— Victor de la Lande, écuyer, Sgr de Chavigny, Bissue, la Fontaine du Breuil, et pour
— Antoine de Maussabré, écuyer.
Cosme-François-Claude de Marsay, chevalier, Sgr d'Alet, Pui-Rivet, etc., et pour
— Joseph de Nogerée, chevalier, Sgr de Maray, Chambourg, etc.;
— Mathieu-Louis Le Comte Dubois, écuyer, Sgr de Prouvray.
Jacques L'Homme de la Pinsonnière, écuyer, Sgr de Villiers, etc.
Louis-Claude L'Homme de la Pinsonnière, Sgr de Freulleville, etc.
Pierre-Joseph, chevalier de Celoron, et pour

— André Girault de Planchoury, chevalier, Sgr des Essarts, Planchoury, etc.;
— Elisabeth-Magloire-Abraham, veuve de Jean-Baptiste-Michel Prégent du Breuil, chevalier, remariée à Pierre-Joseph de Celoron.
Charles-Joseph Berthe de Chailly, chevalier, Sgr de Mareuil, etc.
Louis Taboreau, Sgr des Réaux, etc., et pour
— Gabriel d'Arsac, chevalier, marquis de Ternay, Sgr de Chesne, le Coudré, etc.;
— Armand-Louis-François de Gigault, chevalier, comte de Bellefont, Sgr de Pont, etc.
Louis-Vincent Roger, marquis de Chalabre, Sgr du marq. d'Ussé, etc.
Pierre Vigier Dessuire, écuyer, et pour
— René-Roch-Abel de Paris de Rougemont, chevalier, Sgr de Marray, etc.
Etienne-Augustin Trezin, chevalier de Cangey, et pour
— Jean-Hubert de Mondion, Sgr de Falaise, Ronne, etc.;
— Louis-Marie-Fidèle Trezin de Cangey, écuyer, Sgr de Tissard, Bourotz, etc.
Anne-Claude de la Bonninière, marquis de Beaumont, et pour
— Louis-Charles Le Pellerin, comte de Gauville, Sgr des châtellenies du Rouvre, Villebourg, etc.;
— Maximilienne-Augustine-Henriette de Béthune-Sully, dame des châtellenie et prévôté de Neuvy-le-Roy, de Bois-de-Fontaine, Rouziers, etc.
Auguste de Salmon, chevalier de la Brosse.
Jean-Charles Ours, marquis de Quinemont, chevalier, Sgr de Varenne, Beaugé, la Guenerie, etc., et pour
— Charles-Louis de Rozel, chevalier, Sgr de Ronce-Neuf, etc.
Félix-Auguste Cantineau de Comaire, Sgr de Fayette, et pour
— Louis-François-Alexandre Cantineau de Comaire, chevalier, Sgr de la Cantinière;
— Louis-Madeleine de Gebert de Noyant, veuve d'Antoine d'Abzac, marquis d'Abzac, et dame de Noyant.
Philippe-Jean-Baptiste Mignon, chevalier, Sgr de Nitré, Cremille, etc., syndic de l'Assemblée provinciale de Touraine, et pour
— Anne-Madeleine-François de Créquy, veuve d'André Milon de Mesme, dame vicomtesse de Gençay, etc., au nom et comme garde noble de ses enfants, des terres de Pocé, Bois Bouard, et pour
— Pierre-Louis, comte de Beaucorps, Sgr de Pairé.
Louis-Hubert de Laberdière, chevalier, Sgr de Tailley, etc.
Henry-Michel d'Amboise, chevalier, et pour
— Marie-Jacques de Chauvelin, chevalier, co-Sgr de la Vallière, Rosnay, le Bouvot, etc.;
— Catherine-Françoise Castanier de Couffoulens, veuve de Louis-Marie de Poulpry, dame du Bouroy, etc.
François Tessier, marquis de Javerlhac, Sgr dudit, etc.
Martin de Lavau, écuyer, et pour
— Philippe Barron de Chanoir du Pailly, chevalier, Sgr du Breuillard;
— Valentin-Marie Loiseau, écuyer, co-Sgr d'Aurans, le Côteau, Paulmy, Turin, etc.

Jean Armand de Rougemont, chevalier de la Voirie, le Mésel, et pour
— Louis-Charles de la Chesnaye des Pins, écuyer, Sgr de la Chatière.
César Courault de Bonneuil, chevalier, Sgr de Chemilly, Launay, Vernon, etc.
Nicolas du Chesneau de la Vieuville, écuyer.
Louis-Barbe Juchereau de Saint-Denis, chevalier, Sgr châtelain de Leugny (marquis de Saint-Denys, et Sgr de Thuillay, et la Roche-Bezard), et pour
— Louise-Marie-Madeleine Guillaume de Fontaine, veuve de Claude Dupin, écuyer, etc., dame de la châtellenie de Chenonceaux, Francueil, Chisseau, etc. ;
— François Olivier de Hemery, Sgr de la Micheliniaire.
Jean-François Prévôt de Sansac de la Roche-Touchimbert, chevalier, Sgr de Mondiois, et pour
— Georges Deguin, fils aîné de Louis Deguin, Sgr du Mur-Duvalle ;
— Pierre Deguin, fils, chevalier.
Nicolas-Marie Tristan, chevalier, Sgr de Monpoupon, etc.
Alexandre-Joseph de Cremille, chevalier, Sgr de Gratin, Luché, Durtal, la Brosse, etc., et pour
— Léonard de Boislinard, chevalier, Sgr de la Chaise, Beautré, etc.;
— Bernard de Cremille, chevalier, Sgr de la Cossonnière, Grand-Fonds, etc.
Pierre-René d'Augustin de Bourguisson, et pour
— Marthe-Elisabeth Magoulet de Maisoncelle, veuve de Jean-Joseph Bertrand, écuyer, Sgr de Saint-Ouen, etc.;
— Etienne-Charles d'Augustin de Bourguisson, Sgr de Bourguisson.
Jacques Scott de Coulanges, écuyer, Sgr de Marolles.
Louis-François-Alexandre, baron d'Harambure, chevalier, Sgr de Champeron, et pour
— Jean-Samuel, marquis d'Harambure, chevalier, Sgr d'Yseure, Granges Pouillé, etc. ;
— Antoine-Charles Vincent, comte de Carvoisin, baron de la Motte Sainte-Héraye, Sgr des Courtri.
Pierre-Jean-René-Barthélemi du Puy, chevalier, Sgr de la Vallée, Puy-Nivet et Petit-Carroy, et pour
— Marguerite d'Alloigny, veuve de François de la Motte, chevalier, Sgr de Thillou ;
— Charles Le Vaillant, chevalier, Sgr de Chaudenay.
Léonard Lefebvre de la Falluère, chevalier, Sgr de Noizay.
Henri-Etienne Martel Gaillon, écuyer, Sgr de la Marcellière, Chémillé et Epeigné.
Lucien-François Daën, chevalier, Sgr d'Athée, et pour
— Marie de Martel, épouse d'Antoine-Joseph Astis de Thiézac, écuyer.
Anne-Jean-Baptiste de la Rue Ducan de Champchevrier, Sgr de l'Hartelloire et Brasserac, et pour
— Michel-Denis de la Rue Ducan, baron de Champchevrier, Sgr de Cléré-les-Chatillon, etc.
Louis-Maximilien, comte d'Hanache, chevalier, et pour
— Jacques-Marie Pays, chevalier, Sgr de Lathan.
N... de David, chevalier de Saint-Hilaire.

Pierre-Alexandre de Sorbiers, chevalier, Sgr de Saunay, la Marchandière, etc., et pour
— Louis-Joseph de Guenaud de Villeneuve, chevalier, Sgr de Saint-Paul, etc.
Louis-Victor-Jérôme Dauphin, chevalier, Sgr de Bossay, Puis-Champion, Saint-Julien de Barge, la Muanne, le Chatellier, etc., et pour
— Armand-Louis-François Ysoré d'Hervault, marquis de Pleumartin, chevalier, Sgr châtelain de la Roche-Posay.
André de la Bonninière, marquis de Beaumont la Ronce et de la Chatre sur Loir, Sgr de la Tour Saint-Lambert, etc., et pour
— Esprit-François-Remy, marquis de Castellane, Sgr de Villandry et du Riveau;
— Jacques-François de Verthamont de Chatenay, chevalier, Sgr du Barret, Grand-Breuilh, etc.
Benoît-Jean-Gabriel-Armand de Ruzé, comte d'Efflat, et pour
— Claude-Madeleine Moisand, veuve de Jean-Louis-François Bouin de Noiré, dame de Chezelle;
— Yves-Susanne Aubert du Petit-Thouars de Saint-Georges, chevalier, Sgr du Petit-Thouars, Erant, Saint-Germain, les Landes, etc.
Hugues-Thibaut-Henry-Jacques de Lusigneux, et pour
— Marie-Joseph-Paul-Yves-Roch-Gilbert du Mottier, marquis de Lafayette, maréchal de camp, major général au service des Etats-Unis d'Amérique, Sgr du Feau Reignac, etc.;
— Louis-Sophie-Antoine du Plessis Richelieu, duc de Richelieu et de Fronsac, pair.
François Josué, chevalier de la Corne de Chaptes, chevalier, et pour
— Louis-Charles de Maussabré, Sgr de Bussière, Laugny, le Claveau, etc.
Charles Tardif de Cheniers, écuyer, Sgr du Chatonnet, et pour
— Jean Tardif, écuyer, prieur-baron du prieuré de Bullon, Sgr de Cheniers.
André (Adrien)-Pierre-Marie Haincque, écuyer, Sgr de Faulques, Hardillon, la Cailletierre.
Louis de Boutillon, chevalier, Sgr de Nointeau, etc., et pour
— Anne-Adélaïde de Beauvais de Launay, dame de Vautournon, etc.;
— François-Hyacinthe de Cholé, chevalier, Sgr de la Joubardière, Rançay, etc.
Antoine-Joseph, marquis de Pierres, Sgr d'Epigny, et pour
— Antoine-Nicolas de la Croix de Mesnard, prêtre, abbé de Saint-Martin de Châteauroux, Sgr de Villours.
Louis-Alphonse Savary, marquis de Lancosme, et pour
— Marie-Sophie Scheneck de Schmittbourg, veuve de Pierre de Nesde, écuyer, etc., dame de Fromenteau, etc.;
— Jacques d'Hilaire de Joviac, écuyer, Sgr de la Jarrie.
Alexandre-Charles-Marie Prévôt, comte de Saint-Cyr, et pour
— Marie-Madeleine-Susanne Aubert de Saint-Georges, comtesse du Petit-Thouars, chanoinesse d'honneur du chapitre noble de Sallé;
— Hyacinthe-Louis Aubert de Saint-Georges, chevalier du Petit-Thouars, Sgr d'Orval, Candes, etc.

Gaspard-Jean-Joseph de Pignol, baron de Rocreuse, Sgr de Pont-Long, la Turmelière, etc.

Jacques-François, baron de Menou, Sgr de Basse, Silly, Andilly, etc., et pour

— René-Louis-Charles, marquis de Menou, Sgr de Boussay, Chambon, Chaumussay, etc.;

— Armand-Désiré du Plessis Richelieu, duc d'Aiguillon, comme héritier principal d'Emmanuel-Armand du Plessis Richelieu, duc d'Aiguillon, Sgr de Veret, Parçay, etc.

Denis de Crémille, chevalier, Sgr de la Chevalerie, et pour

— Charlotte-Marie-Elisabeth-Armande Le Forestier, veuve de Louis des Landes, chevalier, Sgr de Blanville, baronne de Preuilly, dame d'Azay-le-Ferron, la Morinière, etc., et pour

— François de Cougny, chevalier, comme exerçant les droits de son épouse Anne de Nieul, dame de Bordebure.

Jean-Chrysostôme Gilbert, écuyer, Sgr du Vau-Tibault, la Brèche, les Dormans, et pour

— Luc Gilbert, écuyer, Sgr de Fontenay, etc.;

— Ursule Robin, veuve de Luc Gilbert, écuyer, etc., dame de Beauchesne, etc.

Alexandre Hubert de Tailley, écuyer.

Francis-Marie-Gatian de Clérambault, écuyer.

Louis, comte de Marolles.

Charles-François-Louis Chevalier, marquis de Signy, et pour

— Louis-Henry-François, comte de Marcé, chevalier, Sgr de Vaumenaize, Braye, etc.;

— Jean-Marie-Claude-Scévola Poquet de Livonnière, écuyer, Sgr de la châtellenie des Francs-Palais, Luzé, la Boissière, etc.

Pierre-Julien-François Papion, fils aîné, écuyer, et pour

— Jean-François de Malon de Bercy, Sgr de Bléré et Alexandrine-Charlotte de Bercy, sa sœur, Sgrs de Baudry, la Bédouère.

François-Nicolas Denis, écuyer, Sgr du Chatellier, et pour

— Jean Denis, écuyer, Sgr de Mondomaine.

Armand-Marc de Sassay, chevalier, Sgr de la Rolandière, et pour

— François-Henry de Lauzon, chevalier, Sgr de l'Aubuge.

Joseph-Robert Aubry, chevalier, Sgr de la Roche Buard, le Plessis, etc., et pour

— Mgr l'évêque de Digne, Sgr propriétaire et baron de la baronie des terres de Senevières-les-Rochefort et Rigny;

— Adrien-Louis Leconte, chevalier, Sgr de la Branchoire, le Perrier, etc.

René-Pierre de Renusson d'Hauteville, chevalier.

Gabriel-Christophe, marquis de Grasseuil, chevalier de la Rocheberteau, et pour

— Bernard, comte de Chambray, chevalier, Sgr de Hautbert, Ronnay, etc.;

— Jacques-Marie, chevalier de Grasseuil, Sgr de la Petite-Couture et de la Mairerie de Jai.

Henry de Fontenay, chevalier, Sgr de Plainville, etc., et pour

— Charles-François de Sevelinges, écuyer, Sgr de Cangé-le-Noble.

Jacques le Souffleur, chevalier, Sgr comte de Repentigny.
Louis-René-Frédéric, comte du Trochet, et pour
— Adrienne-Emilie-Félicité de la Baume-le-Blanc de la Vallière, duchesse de Châtillon, veuve de Louis Gaucher, duc de Châtillon, pair, dame des duché et marquisat de la Vallière;
— Madeleine de la Haye de Chareau, veuve de René de Gallois, chevalier, Sgr de Chareau, etc.
Marie-Gabriel, chevalier, vicomte de Signy, et pour
— Henry-Louis Viart, chevalier, Sgr de la Gatelinière.
Pierre-Louis Pommyer, écuyer, et pour
— Claude-Théophile Le Couvreur, chevalier, Sgr de Mardevilliers, Frémont, Salenne, etc.
Amédée-Christophe de Sain de Bois-le-Comte, chevalier, Sgr des Arpentis, et pour
— Antoine-François du Juglart, Sgr du Fresne, Savarie, etc.
François-Henry de Mallevaud de Puy-Renaud, chevalier, Sgr de la Couture, et pour
— Paul-Marie-Victoire de Beauvilliers, duc de Saint-Aignan, pair;
— Charles-Paul-François de Beauvilliers, comte de Buzançais;
— Colette-Marie-Paul-Hortense-Bernardine de Beauvilliers, dame du palais de la reine, épouse d'Antoine-Charles-Guillaume, marquis de la Roche-Aymon, co-Sgr du comté de Montrésor;
Jacques-Jean-Baptiste Odard, chevalier, Sgr de St-Michel de Chédigny.
Louis de Laval, chevalier d'Hasclach.
François-Gaspard-Philippe, comte de Rochemore.
François-Noël Pommyer de Marié, écuyer.
René Le Gras, chevalier, Sgr de Montaigne-la-Vieille, etc.
Louis-Etienne-Ambroise Le Boucher, chevalier, Sgr de Martigny, Fondettes, etc., et pour
— Charles-Jean-Baptiste-Marie, marquis d'Aubery, Sgr de la Fontaine-Dangé, Saint-Sulpice, etc. ;
— Clément-Aimé Dervau de Chavaigne, Sgr de Malitourne.
Charles-Hyacinthe Le Caron de Fleury, écuyer, et pour
— François-Jean-Louis Pellegrain de l'Etang, chevalier, Sgr de l'Etang;
— Auguste-Jean-Marie Desmé de Chavigny, chevalier, Sgr de la Gaudrie, Manffrais, etc.
Denis Charitte Duvrard de Martigny, chevalier, Sgr châtelain de Nazelles, et pour
— Didier-François-René Mesnard, comte de Chouzy; Sgr d'Ozouer, Pierrefitte, la Guépière, etc.;
— François Mesnard, chevalier, Sgr de la Boisnière, etc.
Alexandre-Michel de la Rue Ducan, chevalier de Champchevrier, et pour
— Charlotte-Rosalie de Chartres, veuve de Jean-Baptiste-Pierre-René de la Rue Ducan, Sgr de Souvigny, les Cartes, etc.
René de Ferrières, chevalier, et pour
— Julie de Cajetane de Sassay, veuve de César-Alexandre de Guieffron, écuyer, dame d'Aumeau;
— Marie-Françoise de Guieffron, veuve de François-Charles Le Riche des Dormans, écuyer, etc., dame de Croisne.

Jean-Nicolas Poussineau de Vandeuvre.
Pierre-Alexandre-Adrien, comte de Passac, chevalier, Sgr de Pinchette Cosson, et pour
— Jules-Gilbert, comte de Monthel, Sgr dudit comté, Poirier, Le Coudray, etc., maréchal de camp;
— Jacques-François Mayaut de Bois-Lambert, Sgr du fief de la Voierie.
Jacques-François-Henry des Essards, chevalier, Sgr de Thrisay.
Alexandre-Victor Gilles, chevalier, Sgr de Fontenilles, et pour
— Hercule-Victor Gilles, chevalier, Sgr de Fontenilles, Louestaud, etc.;
— Louis-François Le Vacher, chevalier, Sgr de la Chaise, etc.
Antoine Le Pellerin, chevalier de Gauville, et pour
— Charles-Nicolas Le Pellerin de Gauville, chevalier, Sgr de la Motte-Sonzay, le Breuil, etc.;
— Marc-René-Marie de Voyer, comte d'Argenson, chevalier, Sgr de Paulmy, la Guierche, Argenson, etc.
Armand-Pierre Ducan, chevalier, et pour
— Charles-Léon de Taillevis, marquis de Périgny, Sgr de Jupeaux, les Hatris, la Périne, etc.
Pierre-Paul Landriève, écuyer.
Adrien-Michel Gaullier, le jeune, écuyer.

Tous membres de l'Ordre de la Noblesse du bailliage de Touraine, ainsi que leurs constituants dont les procurations ont été reconnues bonnes et valables.

MIGNON, secrétaire de l'Ordre.

LISTE DES DÉPUTÉS DES TROIS ORDRES

AUX ÉTATS GÉNÉRAUX DE 1789.

Guépin, curé de Saint-Pierre de Tours.
Cartier, curé de la Ville-aux-Dames.
Dom Estaing, prieur de Marmoutiers.
L'archevêque de Tours (François de Conzié).

Le baron d'Harambure.
Le duc de Luynes.
Le marquis de Lancosme.
Le baron de Menou.

Gauthier, avocat du Roi.
Valete, négociant à Tours.
Nioche, avocat à Loches.

Moreau, avocat.
Boucher, avocat, procureur du Roi de la maréchaussée à Chinon.
Beaulieu, propriétaire.
Payen Boisneuf, propriétaire.
Chesnon de Baigneux, lieutenant criminel à Chinon.

GOUVERNEMENT MILITAIRE.

Le comte d'Estaing, gouverneur général.
Le baron de Besenval, commandant en chef.
Le comte de Bercheny, commandant en second.
Le comte de Reignac, lieutenant de Roi.

Lieutenants des maréchaux de France.

De Cocherel, et Bois-le-Comte, à Tours.
Le comte de Marolles, chevalier de Saint-Louis, à Loches.
Le comte de Marcé, à Chinon.
Leconte, à Amboise.
Prevot de Saint-Cyr, à Langeais.
Le comte de Messey, gouverneur à Loches,
De Boisambert, lieutenant de Roi, à Loches.

(*État militaire de la France en* 1789.)

PRÉSIDIAL DE TOURS.

(Le présidial de Tours ressortissait au Parlement de Paris.)

Le marquis de Paulmy d'Argenson, grand bailli.
Thomas Valleteau de Chabresy, président et lieutenant général.

Loiseau, lieutenant général de police.
Reverdy, lieutenant général criminel.
Patas, lieutenant particulier.
Logras, chevalier d'honneur.
L'abbé Jahan, doyen.
Godin la Hullière.
Robin.

De la Grandière.
Billault-Ducouteau.
Thenon.
De Saint-Martin, avocat du Roi.
Gaullier fils, procureur du Roi.
Gauthier, avocat du Roi.
Dubois, greffier en chef.

GÉNÉRALITÉ DE TOURS.

PAYS D'ÉLECTION.

1783. D'Aine, maître des requêtes, intendant.
Genty, secrétaire en chef et subdélégué général.

BUREAU DES FINANCES.

Présidents.

Aubry, premier.
Letort.
Petiteau, garde scel.

Douineau.
Viot.
Legrand, chevalier d'honneur.

Trésoriers de France.

Egrot, doyen.
Soulas.
Franquelin.
Verger.
Gauffereau.
Cassin.
Chereau de la Boullaye.
Gigault de Marconné.
Jannart.
Cassin de la Logel.

Abraham.
Nadot.
De la Carrière.
Mousseron.
Le Gris de la Gaudinière.
Le Febvre.
Gohuau.
Vaudiot de la Tour.
Bruley.

Gens du Roi.

Megressier, avocat du Roi au domaine.
Mignon, procureur du Roi au domaine.
Bourassé, avocat du Roi des finances.
Daudier, procureur du Roi des finances.
Brousse de Gersigny, greffier en chef.

Receveurs généraux des finances.

Hamelin. Le Normand.

Inspecteurs des haras.

De Grandmaison, pour la Touraine et l'Anjou.
Le vicomte de Longueval-Harcourt, pour le Maine.
Desrivaux, sous-inspecteur pour la Généralité.

Commissaires des guerres à Tours.

De Riencourt, chevalier de Saint-Louis, à Tours.
De Marigny, adjoint, à Tours.
Lachèze.
De Pas-de-Loup, à Saumur.
De Braux, à Angers.

(*État des Cours de l'Europe et des provinces de France*, 1788, par M. l'abbé de la Roche-Tillac.)

CHAPITRE NOBLE D'HOMMES.

CHANOINES D'AMBOISE.

Louis XV érigea le chapitre d'Amboise en chapitre noble par lettres patentes, homologuées au Parlement en 1770. On n'était admis qu'après avoir fait preuve d'ancienne noblesse.

L'Homme de la Pinsonnière, doyen.
Langlois, sous-doyen.
Royer.
Desmée, chantre-syndic.
Dumont.
De Montfrebœuf.
Quirit de Coulaines.
Le Royer de la Sauvagère.
Gaudin.
Le Pellerin de Gauville.
Langlois de la Bagourne.

(*La France chevaleresque et chapitrale*, 1787.)

CATALOGUE

DES

GENTILSHOMMES DE BERRY.

BAILLIAGE DE BERRY.

Procès-verbal de l'Assemblée générale des Trois Ordres (1).

16 mars 1789.

(*Archiv. imp.*, B. III., 29, 155. 199-232.)

NOBLESSE.

Claude-Louis, comte de la Châtre, maréchal de camp, inspecteur de cavalerie, premier gentilhomme de la chambre de Monsieur, frère du Roi, commandeur de Saint-Lazare, bailli d'épée du bailliage de Berry, assisté de

Claude de Bengy, chevalier, Sgr de Dames Poirioux, etc., conseiller du Roi, lieutenant général audit bailliage.

Mgr le comte d'Artois, prince apanagiste du Berry, représenté par
Armand-Joseph de Béthune, duc de Béthune Charost, duc et pair de France.
Le marquis de Bouthillier, Sgr des Aix d'Angilon, Montigny.
Le comte de La Châtre, pour
— Les Sgrs de Villequier.
Dumont, écuyer, — le Sgr de Pesselières.

---

(1) Nous croyons devoir faire observer qu'un certain nombre de familles nobles ont pu ne pas figurer dans les assemblées du Berry, pour cause d'absence, de maladie ou d'abstention.

Le comte de Villeneuve Tourette, — le Sgr de Deux-Lions, — le comte de Jaucourt, — le marquis de Langeron, Sgr de Neuvy-Deux-Clochers.
Archambault de Chaumel, — de Pompaille.
Le vicomte de Saint-Georges, — de Beauregard, Sgr d'Herry.
De Bonnault de Villemenard, — la dame veuve de Faugues, dame de Tauvenay.
Le marquis de L'Age, — Mme la comtesse de Saint-Julien, pour son fief du Tremblay.
Le chevalier de la Porte, — la dame veuve Brisson, dame de Saint-Bouise et ses enfants.
De Pommereau, co-Sgr d'Azy.
Catherinot de Barmond, co-Sgr d'Azy.
Chenu de Mangou, Sgr de la Boulais.
De Lalande, Sgr du Petitchamp et d'Aubusset.
D'Orsanne de Saragosse, Sgr de Limeux.
Bengy de Puyvallée, Sgr de Brinay Puyvallée.
Dubreuil Dubosc, Sgr du Château-Herpin.
De Senneville, Sgr de Veléve.
Agard, marquis de Maupas, Sgr de Morogues.
Le chevalier de Bengy, Sgr de Pouplin et Dame.
De Montagu, — Mme Perotin, veuve de Montagu.
Boursault, Sgr du Troncay.
Danjorant (Anjorant), Sgr des Porteaux, Veaugues et le Sollier.
Catherinot fils, — Catherinot de Barmond, Sgr de Cologne.
Boursault de Troncay, — de Bonnault de Mery, Sgr de Morthommier; — le marquis de Folleville, Sgr de Saint-Florent et Saint-Caprais.
Triboudet de Marcy, écuyer, — le vicomte du Buat, Sgr de Nancay.
De Bonnault — la dame d'Orléans de Raire, dame de Trillay.
De Beauvoir, Sgr de la Tendrée.
De Bengy, lieutenant général, Sgr de Poirioux.
De Préville, Sgr de la Villatte.
La dame veuve de Pommereau, dame de Poulanon, représentée par son fils.
De Boisgisson, — les demoiselles de Barbançon, — les demoiselles de Lissay.
De Laroche, Sgr de Chipoux.
Gassot de Deffend, — Le Borgne Dulac, Sgr de Soulangis.
De Bigny, — la dame Le Roi, son épouse, dame de Marmagne.
Cardinet de Poinville, co-Sgr de ladite terre.
Labbé de Saint-Georges.
De Biet, Sgr de Saint-Palais.
Le baron de Fontenay, — de Barbançon, Sgr de Contremorets.
Goyer, — la dame veuve Goyer, dame de Bois-Brioux, sa mère.
Dubreuil, Sgr de la Salleroy.
Dhérouard, Sgr de Luçon.
Le chevalier de la Porte d'Issertieux.
Le comte de Gamache, Sgr de Brécy et Sainte-Solange.
Le chevalier de Montagu, — de Raucourt, Sgr de la Chapelle-au-Coudray.

Daubigny, Sgr de Villecomte.
Thuillier, Sgr de Guilly.
De Marolles, — Mme de la Briffe, tutrice de son fils, marquis de Précy et Sancergues.
Godard de Verteuil, — Ducret, baron de Doye.
De Marolles, — Deguillon, Sgr de Menneton-Couture.
De Culon, Sgr de Trois-Brioux et Charantonnay.
De Billy, Sgr de Chassy.
Triboudet, Sgr de Boisvert.
Soumard de Crosses.
Dumont, Sgr de la Charnais.
Godard, Sgr de Laverdine.
Le baron de Fontenay, — Labbé de Grandchamp (Champgrand).
De Tristan.
Le marquis de Rochefort, Sgr de Tureaux.
De Montsaulnin, baron de Fontenay.
Soumard de Villeneuve.
De Durbois, Sgr de Luet, — de Foucault d'Insesche, Sgr de Marcilly.
De Culon de Trois-Brioux, — Mme la comtesse de Prépeau, dame d'Avor.
De Bonnault d'Houet, — la dame veuve de Biet, dame de Moulins.
Duranty, Sgr de Concressault, — Gayaut, Sgr de Crux.
De Francières fils, Sgr du Coudray.
Le chevalier de Saint-Georges, — la dame veuve Labbé de Saint-Georges.
De Durbois, Sgr de Sevry.
Le chevalier de Durbois, — la dame Foucault de Berceau.
De Boisgisson, — Thabouchel de Brezet, Sgr de Paracy.
De Chabenat fils, — de Chabenat, son père.
De Gibieuf, Sgr de Chappe.
De Verteuil, — de Fourvier de Bois-Roland.
Triboudet de Marcy, Sgr des Essarts.
Gayaut de Celon.
De Courvole, Sgr de Lugny, Champagne.
De Bonnault d'Houet, — Labbé, Sgr de Champgrand.
De Bonnault, Sgr de Villeménard, — la marquise de Menou.
De Souffrain, Sgr de la Chaumelle.
De Boislinard, — le comte de Melfort, Sgr d'Ivoy.
Le marquis de Rochefort, — de Sauzay père.
De Culon de Chambon, — la dame sa mère.
Gayault de Bois-Bertrand.
Godard de Verteuil.
De Culon.
Ruellé de la Pagerie.
Doullé.
Le chevalier de Tristan.
Dalmais.
De Bonnault de Sauldre.
Le vicomte de Rochefort.
Le comte de Villeneuve-Tourette.

De Bonnault de Villemenard.
Moreau de Chassy..
Boursault du Troncay fils.
Martin de Marolles.
Le Blanc de Logny.
Jean de Montagu..
Jean-Baptiste de Montagu.
Michel de Montagu.
Le chevalier de Saint-Georges.
Gay d'Azenay.
Labbé Gayaut, Sgr de Maubranche.
Gassot de Deffens.
Gassot de Rochefort.
Gassot de Férolles.
Gassot de la Vienne.
Gassot de Galifard.
Gassot de Fussy,
Gassot de Champigny.
Le marquis de Maupas, — les demoiselles de Riffardeau.
Gassot de Férolles, — les demoiselles ses sœurs.
De Boutillier, — la dame veuve Levavasseur, dame de Marmey.
Archambaut, Sgr de Montpensier.
Gayaut de Bois Bertrand, — Mme Decru, dame des Cloys.
De Murgat de Crécy.
De Lennox, pair d'Angleterre, duc d'Aubigny, représenté par le marquis de Rochedragon.

BAILLIAGE SECONDAIRE D'ISSOUDUN.

Armand-Joseph de Béthune, duc de Béthune-Charost, pair de France, Sgr de Mareuil.
Le Rahier, Sgr de L'Herbay.
Girard de Villesaison, Sgr de Moulin-Neuf.
Arthuis, Sgr de Chouday, — Dorsanne de Monlevis.
Jouslin de la Salle.
Jouslin de Noray.
Le chevalier de Peccarony.
Dorsanne, Sgr de Coulon.
De Durbois, Sgr de la Garenne.
De Ribeyres.
Beraud de Fontenay.
De Tristan.
Heurtault de Vilaine.
De Sauzay.
De Culon de Clerfond, — de Maussabré, Sgr de la Motte-Feuilly.
De Senneville, — de Senneville, Sgr du Verger, son père.
Le chevalier de Saint-Georges, — de Melony, Sgr de Venay.
De Senneville, — de la Chastre, Sgr de Varnaux.
De Vilaine, — Aucapitaine, Sgr de Limanges, — Aucapitaine.

De Ribeyres, — de Ribeyres père.
Desforges, marquis de Châteaubrun, — de Senneville, Sgr de Meroux.
Le Roy de Bussières, — la dame veuve Bertrand et ses enfants, dame de la Celette et Tereillac.
Le Groin de la Romagère, — le comte de Carbonnières, baron de Boussac.
Le marquis de Châteaubrun, — Develard, Sgr de Pronin.
De Durbois, — de Maussabré, Sgr de la Motte-Guittard.
Le marquis de L'Age, — la comtesse de Saint-Julien.
Dorsanne, — la dame Girard de Vorlay, dame de Segry, — Girard de Vorlay.
Baucheron de Boissoudy, — Baucheron, Sgr de Lecherolles.
Jouslin de la Salle, — Taillandier, Sgr du Plaix.
Girard de Villesaison, — Girard de Montgivray.
Beraud, — la dame Dargier, veuve d'Escourioux d'Aiguirande ; — la dame de Vilaine, baronne de Saint-Julien.
Dorsanne, — la dame veuve marquise de Bertrand de Souligny.
De Biet de la Tremblaye, — la dame veuve Rodier de la Bourdine, dame d'Aise.
De Ribeyres, — de Brade de Bonat.
Dorsanne de Saragosse, — Dorsanne de la Fontaine.
Heurtault, — D^{lle} Heurtault de Saint-Christophe, — et Heurtault de Saint-Christophe.
De Ribeyres, — de la Boreys de Beaupêche.
Le comte Le Groin de la Romagère, — de la Chapelle, Sgr de Boucheroux.
De Maupas, — Mlle de Rivière de Riffardeau.
Dumont Du Breuil, — Germain et Sylvain Ettevain.
De Culon de Clerfond, — de Maussabré, Sgr de la Motte-Feuilly.
De Bigu de Chéry, — Lelarge de la Coudre.
Deforges, marquis de Châteaubrun.
Le comte Le Groin de la Romagère.
De Maussabré, Sgr de Chaluteau.
Pearron de Serrenne.
De Rochefort.
De Létang de Fins.
Soumard de Crosse, — Ducarteron, Sgr de La Pérouse.
Girard de Villesaison, — Vallois.
De Maussabré, — Mlle de Lordat, dame de Linières.
De Lage, — De Waltaire de la Maisonfort.
De Culon, — Arthuis de Marandet.
Létang de Fins, — Rolland de Courtallié.

BAILLIAGE SECONDAIRE DE CHATEAUROUX.

Ont comparu en personne MM. :

De Fricon de la Dapaire, Sgr de la Dapaire et de Piémoreau.
Duligondès, Sgr de Conives.
De Buchepot, Sgr de Fromenteau.

Le marquis de Rochedragon.
Le marquis de Barbançois, Sgr de Villegongis.
Du Bec, Sgr des Prés.
Godeau, Sgr d'Abloux.
De Boislinard, Sgr du Chezeau.
De Boislinard, Sgr de la Romagère.
Dubreuil Dubosc, Sgr de Gargilesse.
De Maussabré, co-Sgr de Chamousseau.
De Beauvillers, comte de Buzançais.
Le comte de Poix, Sgr de Marécreux.
Desmarqués, Sgr de Seré.
De Rochepelle.
Dumont, Sgr du Breuil.
Le Coigneux, marquis de Belabre, Sgr de Rumfort, Lagatevine.
Le Roy, baron de Bussière d'Aillac.
Jouslin, Sgr de Pisseloupe.
Dorsanne de Monlevis.
Baucheron de Boissoudy, Sgr du Colombier.
De Vilaine, Sgr de Briante.
De Fassardy.

Ont envoyé leur procuration MM. :

Delaporte, Sgr de Saint-Denis de Jouhet.
De Mangin, Sgr d'Ouince.
Duligondès, Sgr de la Bassière.
Le comte de Barbançois.
Thibaud, marquis de la Roche-Thulon, Sgr de la Roche-Chevreux.
Le comte de Boizé, Sgr de Diors.
La dame veuve Dorsanne de Saragosse.
Girard, Sgr de Vasson.
Duligondès, Sgr du Plessis.
De la Ferre, Sgr de Montignon.
La dame veuve Baucheron, dame de Moulin-Neuf.
Le marquis de Longonnay, baron de Levroux.
De Montagnac, Sgr des deux Cluis.
Mme la marquise de Barbançois, dame de Clanay.
La dame veuve Le Blanc, dame de Cointe.
De Fournier, Sgr de Chitray.
De Boislinard de Fontparnac, tuteur des enfants de M. de Boislinard, Sgr de Boubon.
La comtesse Louise de Pierre Buffière, dame en partie de la baronie de Prunget.
Mlle de Poix de Marecreux, dame de la Barre.
La comtesse de Pierre Buffière, dame de Chabenet.
Duverdier, Sgr de la Boulais.
De Cougny.
Mme du Vissel, dame de la Ferté-Sainte-Fauste.
Fournier, Sgr de Bois-Marmin.
Pinault, Sgr de Bonnefont.

La dame veuve de Souffrain, dame de la Charnée.
Demons, Sgr de Mesle.
La dame veuve de Boislinard, dame du Breuil.
De la Ferre de Château-Guillaume, Sgr de Vauzelle.
De Piègue, Sgr de Beaulieu.
La dame veuve de Goyon, dame Duroux.
Le comte de Lusigneux, Sgr du Chatelier.
De Moreton, comte de Chabrillan, Sgr de Neuvy-Saint-Sepulchre.
La dame veuve du Prain, dame du marquisat du Blanc.
La dame veuve de Breton, dame du Mas et de Villeneuve.
La demoiselle Demenil, dame de Chambon.
De Boislinard, Sgr en partie du Lis Saint-Georges.
Delamotte, chevalier de Tilloux, Sgr de la Chapelle Genevrot.
De la Marvalière, Sgr de la Brosse-sur-Vollon.
De Gentil, Sgr de la Prune au Pot.
La dame veuve de Pingue, dame de Pidaloup.
Duverdier, Sgr de la Gaillardière.
Le Coigneux, chevalier de Belabre, Sgr en partie de Rumfort.
L'abbé Le Coigneux.
Rolin, Sgr de Courtaillé.
La dame veuve Bouchet, dame d'Ozan.
La dame veuve marquise de Boisé.
De Bridier, Sgr de Béthune.
Lombeau, Sgr de Villevaudoux.
Bigot de la Cantée, Sgr de Vasvres.
Daiguirande (Aiguirande), Sgr des Ternes.
La dame veuve de Lamotte, dame de Couffy, et ses enfants.
De Lanet, Sgr de Montusson.
Gassot de Champigny.
De Bouchet, Sgr Delaleuf.
Aucapitaine, Sgr du Grand-Alfort.

Ont aussi comparu en personne, MM. :

De Goyon.
Le chevalier du Ligondès de Conives.
De Boislinard-Descombes.
Le chevalier de Clerfond.

Ont comparu par fondés de pouvoirs :

Dupeyroux, Sgr du Bois Durcay.
Dupeyroux, Sgr du Plex.
Le marquis de Dampierre, Sgr d'Angibault.
Delahaye de Peuloge.
Mlle de Buffière, dame de la Grave.
Moulin de la Porte, Intendant de Nancy, Sgr de Sarzay
Mme Bautigny.

BAILLIAGE SECONDAIRE DE DUN-LE-ROI.

Ont comparu en personne :

De Roland, Sgr de Lavineux.
De François de Boigisson.
Gassot de Rochefort, Sgr d'Etrechy.
Gassot de Deffend.
Heurtaut, vicomte de Lamerville, Sgr de la Perisse.
De Boislinard.
De Culon de Chambon.
De Laroche, Sgr de Chipoux.
Labbé de Roland, Sgr de Nizerolle.
De Bonnault, Sgr d'Houet.
Busson de Villeneuve de la Vesvre.

Ont comparu par fondés de procuration :

Le duc de Crouy, baron de Culan.
Le marquis de la Porte, Sgr d'Issertieux.
Le comte de Monchenu, Sgr de Bussy.
La dame veuve Cadier de Richemont.
Busson, Sgr de Villeneuve, père.
Baucheron de Paracay, Sgr de Colombe.
La marquise de Bonneval, et mesdemoiselles ses filles.
Langlois, marquis de Boucher, en personne.
De Merinville, co-Sgr de Châteauneuf.
De Lostange, co-Sgr de Châteauneuf.

BAILLIAGE SECONDAIRE DE MEHUN.

Ont comparu en personne :

De Bonnault, Sgr de Grandchamp.
Martin de Marolles, Sgr des Fontaines.
Lejeune, Sgr d'Alouis.
Gassot, Sgr de Vagnoux.

Ont comparu par fondés de pouvoirs :

De Grégoire, marquis de Saint-Sauveur, Sgr de la Loé Foecy.
Mme veuve de Busson de Bussy, dame de Barmond.
Mme la comtesse de L'Ourgais, dame de Menetou-Salon.
Duteil, Sgr de Norioux.
Mme veuve Gassot de Ferolles, dame du Courpoy.

BAILLIAGE SECONDAIRE DE CONCRESSAULT.

Ont comparu en personne :

Dupré de Saint-Maur, Sgr d'Argent et de Clemont.
Le Roy de Valmont, Sgr d'Autry.

De Guibert, co-Sgr de Pierrefitte.
Dubuc de Laurois.
Duranty, Sgr de Concressault.

Ont comparu par fondés de pouvoirs :

Le duc de Sully, Sgr de la Chapelle d'Angilon.
Delabarre, Sgr de Vallot.
D^{lle} David de Conflans.
Dame de la Motte d'Ennorde.
Seguier de Saint-Brisson.
De Montmoran, Sgr de Villegenon.
Mme la comtesse d'Adhémar, dame de Sens-Baujeu.
De Barbarin, Sgr de Cresancy, par le comte de Guibert.
De Bonnétat, Sgr de Pierrefite-ès-Bois.
D'Hérigault, Sgr de Sury-ès-Bois.
Mme Destu.
De Jaucourt.

BAILLIAGE SECONDAIRE DE VIERZON.

De Bonnault de Mery.
Mme veuve de Francières.
De Romanet de Beaune.

Les Sieurs Ruellé-Dugué, Sgr de la Lande, et Chenu de la Motte, comparurent en personne pour le bailliage d'Henrichemont.

Liste des Gentilshommes composant la chambre de la Noblesse de Berry, présents aux assemblées tenues à Bourges.

16-29 mars 1789.

Moreau de Chassy.
De Poix.
Bethune, duc de Charost.
Girard.
De Laage.
Pommereau.
De la Lande.
Dubreuil-Dubosc de Gargilesse.
Chenu de Mangou.
De Senneville.
Le marquis de Maupas.
Le chevalier de Bengy.
Baucheron de Boissoudy.
Jousselin de Pisseloup.
De la Roche.
Chavenon de Bigny.
Cardinet de Poinville.
Le chevalier de Souffrain.

Dumont Dubreuil.
De Francières.
Labbé de Saint-Georges.
Boursault de Troncay.
Le chevalier de la Porte.
Triboudet Dumont.
Soumard de Crosses.
Daubigny.
Godard de la Verdine.
Brisson de Plagny.
Le chevalier de Durbois.
De Francières du Coudray.
De Chabenat de Savigny.
De Courvol.
De Logny.
Triboudet de Marcy.
D'Houet.
Le chevalier de Tristan.
Gayault de Celon.
De Billy.
De Bonnault.
Le vicomte de Rochefort.
Boursault de Troncay, fils.
Le comte de Villeneuve.
Martin de Marolles.
Le chevalier de Montagu.
Montagu.
Gassot de Fussy.
De Beauvoir.
Labbé, chevalier de Saint-Georges.
De Margat de Crécy.
Brisson.
Ruellé de la Pagerie.
De Bonnault.
De Culon.
Jouslin de Noray.
Durbois de la Garenne.
Hurtault de Marigny.
Desforges de Châteaubrun.
Le chevalier de Maussabré.
Godard de Verteuil.
Beraud de Fonteny.
Le comte de Buzançais.
Duligondès.
Goyer de Boisbrioux.
Le marquis de Barbançois.
De Ribeyreys.
Le chevalier du Bec Després.
De Tristan.
De Boislinard.

De Fassardy.
De Boislinard.
De Létang Defins.
Le chevalier Duligondès.
Heurtaut, vicomte de la Merville.
De Biet.
Le chevalier Dorsanne de Monlevis.
De Préville.
Le Roy de Bussière.
Le Roy.
Le Coigneux, marquis de Belabre.
Duranty Concressault.
Gassot de Rochefort.
Le chevalier de Boislinard des Combes.
Chenu de la Motte.
De Gibieuf.
Dorsanne de Coulon.
Ruellé Duguet.
De François de Boigisson.
Le chevalier de Peccarony.
Le chevalier de Rochepelle.
De Montagu Desternaux.
Beraud de Fonteny.
Le marquis de Villaines.
De Senneville.
Catherinot de Barmond.
Chenu de Mangou.
Le baron Dalmais de Curnieux.
Le comte de Gamache.
Archambault des Chaumes.
Gay Dazenay.
Busson de Villeneuve.
De Thuillier.
De Romanet de Beaune.
Martin de Marolles.
De Maussabré de Gatte Souris.
Dubuc de Lauroy.
Bouthillier.
Péarron de Sérennes.
De Goyon.
De Montsaulnin.
De Boislinard.
Dubreuil de la Saleroy.
De Rolland du Coudray.
Busson de la Vêvre.
De Gassot de Deffens.
De Doullé.
De Culon de Chambon.
Le marquis de Rochedragon.
De Langlois du Bouchet.

Le comte de Fricon.
Le chevalier Dorsanne de Montlevis.
Villemenard.
Archambault.
De Bonneau de Méry.
Gassot de Boisfort.
Dhérouart de Luçon.
De Bonnaud de Sauldre.
D'Anjorand.
Soumard de Villeneuve.

    La Chastre, président.
    Bengy de Puyvallée, secrétaire de l'Ordre.

(*Procès-verbal de l'Assemblée de la Noblesse de Berry*, 1789. Imprimé à Bourges. Bibl. imp. L. 23, e, 31.)

LISTE DES DÉPUTÉS DES TROIS ORDRES

AUX ÉTATS GÉNÉRAUX DE 1789.

L'Archevêque de Bourges (Jean-Auguste de Chastenet de Puységur).
Poupart, curé de Sancerre.
De Villebanois, curé de Saint-Jean-le-Vieux.
Yvernault, chanoine de Saint-Ursin de Bourges.

Le comte de la Chastre.
Le marquis de Bouthillier.
Heurtault, vicomte de la Merville.
De Bengy de Puyvallée.

Boery, président en l'élection de Châteauroux.
Poya de L'Herbay, lieutenant particulier au bailliage d'Issoudun.
Thoret, docteur en médecine en l'université de Bourges.
Le Grand, avocat du Roi au bailliage de Châteauroux.
Sallé de Choux, professeur de droit français à Bourges.
Auclerc des Cottes, médecin de Mgr le comte d'Artois.
Baucheton, avocat en Parlement.
Grangier, avocat en Parlement.

GOUVERNEMENT MILITAIRE.

Le prince de Conti, gouverneur général.
Le baron de Besenval, commandant en chef.
Le comte de Bercheny, commandant en second.
De Montaignac, lieutenant général.

Lieutenants des maréchaux de France.

Le comte de Brade, à Châteauroux.
Le marquis de Rochefort, à Issoudun.
Le baron de Curnieux, à Issoudun.
Gayault de Celon, à Bourges.
Le vicomte de Montlevis, à Bourges.
Dumargat de Crécy, à Bourges.
Decostes-Goulard, à Vierzon.
De la Roche, à Saint-Amand.
De Nogerée et Biet, à Châtillon.
De Villeneuve-la-Vesvre, à Dun-le-Roy.

(*État militaire de la France en 1789.*)

BAILLIAGE ET SIÉGE PRÉSIDIAL DE BOURGES.

Le prince de Conti, grand bailli de Berry.
De Bengy, lieutenant général civil et criminel.
Gaultier, lieutenant général de police.
Rapin fils, lieutenant particulier.
Bernot de Charant, lieutenant particulier honoraire.

Barbarin, doyen.
Archambault.
Gaultier.
Rossignol de la Ronde.
Cottereau du Rocher.
De Bienvennot.
De Beauvoir.
Grandseau de la Coudraye.
Brisson de Plagny.
Ragu.
Robinet des Granges, conseiller honoraire.

Gens du Roi.

Vermeil, premier avocat du Roi.
Soumard de Villenéuve, procureur du Roi.
Sallé de Choux, second avocat du Roi.
Lefort, substitut du procureur du Roi.
Veilhaut, greffier civil et criminel.

GÉNÉRALITÉ DE BOURGES.

(PAYS D'ÉLECTION.)

1780. Dufour de Villeneuve, maître des requêtes, intendant.

BUREAU DES FINANCES.

Pommereau, premier président.
Le Grand de Melleray, chevalier d'honneur.

Présidents trésoriers de France.

Thomas des Colombiers, à Bourges.
Degoillons, à Orléans.
Carraud, chevalier de Saint-Louis, à Paris.
Thevenin du Chezal, à Bourges.
Godard de Laverdine, à Bourges.
Thabault de Bellair, à Saint-Aignan.
Forget de Saint-Germain, à Paris.
Couté de Paumule, à Argenton.
Moreau des Breux, à Buzançais.
Aublier de Chandaire, à Châteauroux.
Triboudet, à Bourges.
Fouquet, à Bourges.
Charlemagne, à Issoudun.
Vivier de la Chaussée, à Bourges.
Lassé de Maron, à Issoudun.
Châlon, à Bourges.
Egros, à Orléans.
Leber fils, à Sully-sur-Loire.
Bardet de la Tour, à la Charité.
Butel Dumont, à Paris.
De Champreux, à Bourges.
Salmon, à Bourges.

Honoraires.

Ducarteron de Beaulieu.
Bernot de Mouchy,
Laurencin, à Orléans.
Lassé de Maron, à Issoudun.

Leber père, à Sully-sur-Loire.
Suc de Retz, à Paris.
Masson, à Châteauroux.

Gens du Roi.

Geoffrenet des Beauplains, premier avocat du Roi.
Dumont de la Charnage, procureur du Roi.
Angrand, greffier en chef, à Paris.

PARIS. — IMPRIMERIE DE DUBUISSON ET Cⁱᵉ, 5, RUE COQ-HÉRON.

www.ingramcontent.com/pod-product-compliance
Lightning Source LLC
Chambersburg PA
CBHW060728050426
42451CB00010B/1675